괭이갈매기 떼
어느 녀석도 모르리

이별은 울 코스로 부탁해

이별은 울 코스로 부탁해

오유안 시집

푸른고래

시인의 말

봄을 본 적 없는
나목 한 그루

그간의
덩어리 울음 삼킬 때

첫 동백이 피고 있음을

차례

시인의 말

제1부 아무튼 고맙습니다

14 ⋯ 울 코스로 부탁해
16 ⋯ 떠나보내다
18 ⋯ 아무튼 고맙습니다
20 ⋯ 방문포장은 공짜입니다
22 ⋯ 낯선 바다를 품다
24 ⋯ 난 이미 모르겠지만요
26 ⋯ 꿈꾸는 집
28 ⋯ 바다가 꿀꺽 삼켰다
30 ⋯ 그렇게 하리
32 ⋯ 돌아보니 주마등이네
34 ⋯ 갈림길에서
36 ⋯ 유별난 청혼
38 ⋯ 활짝 웃는 해골로 남는 꿈을 꿉니다
40 ⋯ 자음과 모음 섞은 잡곡밥

제2부 하룻밤 사이에

44 … 쉿,
46 … 뒤통수 맞은 라이카
48 … 아픈 만큼 여물어지고
50 … 언어가 살인을 한다
52 … 철새족
54 … 우리가 미처 몰랐던 도장
56 … 하룻밤 사이에
58 … 사라지는 것을 위하여
60 … 돌아오지 않는다
62 … 그런 적 있는가?
64 … 어느 날 갑자기
66 … 지금도 좋다
68 … 괜찮지 않지만 괜찮습니다
70 … 너희도 우리와 똑같아

제3부 한여름 밤의 꿈일지라도

74 ··· 한바탕 울고 나면 괜찮아
76 ··· 안갯속에 머문다
78 ··· 떠나지 않는다
81 ··· 우리 사이에 흐르는 강
82 ··· 한여름 밤의 꿈일지라도
84 ··· 비타민 한 잔
86 ··· 좋은 사람으로 남고 싶습니다
88 ··· 멀리서 보니
90 ··· 얼음이 속삭인다, 녹고 싶어
92 ··· 어렵다 어려워
94 ··· 변덕쟁이
96 ··· 다른 걸 어떡해
98 ··· 뒤통시치지 마라
100 ··· 설국에 피어난 꽃

제4부 돌아오지 않아서 그리움이다

104 … 엄마는 고마 개안타
106 … 눈물이 흘러도
108 … 화이트 크리스마스가 올까?
110 … 삼십 분만 더 있다 가라
112 … 쑥이 사람을 울리네
114 … 적색 신호등
116 … 엄마 숟가락
118 … 잘 가!
120 … 몌별
122 … 들꽃 동네
124 … 우산이 뒤집어져도 좋은 날
126 … 돌아오지 않아서 그리움이다
128 … 인공지능으로부터
130 … 슬픈 간극

134 … 시인의 글

1부

아무튼 고맙습니다

울 코스로 부탁해

너는 싸늘하다

전원을 켜
표준 세탁 단추를 누른다

차갑고 빈틈없는 작동

인제 그만, 날 꺼내 줘

너덜너덜해진 심장이
머리를 땋아 딸려 나오고
기절한 궤도를 다잡아
냉수 마시고 숨 고른다

나긋한 매듭짓기가 필요해

중성세제 흘리고
섬유유연제 반 뚜껑
2회 헹굼
섬세한 탈수

이별은 울 코스로 부탁해

떠나보내다

줄줄이 걸린 송도 케이블카
바닷바람이 꾸덕꾸덕 말리고
짭조름한 소금기가 간한다

강화유리 아래
뒤척임 없는 포근한 물낯
간밤, 헛디뎌 떨어진 별 가루

콜라 들이키듯 미끄러진다
동쪽과 서쪽을 가로지르며

태양, 노을, 야경, 실로 무지개 맛

세밑 바람이 틈새 겁주고
밤바다는 검은 저승

삶과 죽음이 수직으로 맞닿은 한 평

사는 일에 연연하지 않고
죽는 일도 낯설지 않은 지점에서
깜박이는 등대와 도시의 불빛을 바라본다

새로운 별 하나 더듬는다
눈물은 통 큰 바다에 던져버린다.

아무튼 고맙습니다

두둥실 꽃구름 배
바닷빛 하늘 젓다
머나먼 길 떠나고

해거름 쥐색 구름 떼
허리 감아 기차놀이 하다
밥 먹어라
엄마가 부르는 소리에 흩어지고

땅이 어긋나도 지구는 돌고
숨이 멎을 것같이 힘들어도
심장은 뜀박질하고

서먹한 건
앞서간 사람들의 빈자리뿐

여름을 찢던 매미의 발악이라도
하품 나게 살 것이 아니라도

고맙습니다
아무튼 여기, 숨 쉬고 있어서

방문포장은 공짜입니다

가시지 않은 겨울이
줄지어 선 공원

찾아든 입입마다
젖꼭지 물려 놓고
까무룩 잠든 봄

퍼질러 앉아 쑥 캐고
쪼그려 앉아 나물 캐고
허리 굽혀 민들레 캔다

바퀴가 휙휙 내달리고
몸체에 매달린 음악이
너른 공터로 산산이 흩날리고

팔짱이 유유히 거니는 길 따라

사뿐한 걸음걸음이
찰칵찰칵 몸짓 연기를 한다

어린 봄을 마중 나와
소리 지르는 철부지
낚시꾼도, 자고 가는 사람도

같은 풍경에 담겼지만
색다른 하루를 포장해 간다

낯선 바다를 품다

우중충한 봄추위가
푸른 수면을 걷어냈다

얼음 빛 바다
날 선 서릿발

베일 듯 달라붙는 수면에
새벽 그물이 건져 올린
생크림 포말이 튀어 오른다

층층이 물비늘 얹은 포물선이
핏기 없는 물낯에 번져나가고
바닷물이 쓸려 나간 개펄에
신령스러이 찍힌 도장을 보라

구불구불한 물결 線이 한결같음을

불길에 휩싸여 담고 또 담아도
시리게 시리게 여울지는데

먹구름 사이로 희끗한 햇살이
일몰을 보고 가라 주저앉힌다

시퍼렇게 식어가는 내 몸에
불콰하게 달아오르는 저녁 바다를 새겨 넣었다.

난 이미 모르겠지만요

훗날 내가 사라지면
흐느껴 울어 주세요

홀연히 하늘을 보다
아슴아슴 떠올려 주세요

어수선한 날에는
시집을 넘기며
젖어 들길 바랍니다

난 이미 모르겠지만요

차 한 잔의 여백을 바랍니다
더도 아닌 하루를 바랍니다

그렇게만 된다면

내 주절거림을 들어준다면

밤바다가 어떨까요?
하릴없는 파도가 산책하는

행여 잠이 별처럼 쏟아지더라도
아닌 척 들어주세요

꿈꾸는 집

어제 닮은 오늘
오늘 닮을 내일

승강기에 한 목숨 맡기고
털고 갈 맨몸이 부자를 꿈꾸지만

가슴 한편에는

썰렁한 방 한 칸
보잘것없는 세간살이
마당 귀퉁이에
배롱나무, 능소화 섰고
낮은 담장에
덩굴장미 한가로이 누웠다

툇마루에 걸터앉아

차 한 잔에 주전부리
빗줄기 굵은 날은
정구지 땡초 방아잎
쫑쫑 썰어 찌짐 굽고
어수선한 날은
손잡은 둘이
포롬한 들녘을 거닌다

맘 한 칸에 뚝딱
소리 없이 짓는 집

바다가 꿀꺽 삼켰다

한번 다녀가라는
바다의 문자

젖빛 하늘 아래
드문드문
우산이 드리운 해안가

키대로 일어선 흰 빛 거인이
날개를 퍼덕이며 달려와
방파제를 휘몰아치는 그때

숨죽여 노리다
재바르게
머릿속 진물을 던졌다

괭이갈매기 떼

어느 녀석도 모르리

보일 듯 말 듯
저 너머로
쓸고 가는 거인의 손

흰 포말만 남은 바다 위

저만치 날아오르는
괭이갈매기 한 마리

그렇게 하리

그까짓 뭐가 무서워
여태껏 몸을 사렸나

굵은 장맛비 따위
헤갑은 우산 따위
몸살감기 따위
아랑곳없는 동심童心

비 오면 억수로 젖으리
눈 오면 달려가 맞으리
바람엔 온몸으로 맞서리

거부할 수 없는
갖은 장난과 파도 따위
견디며, 넘으며, 버티리

내게 안기는 사람은
두 팔 벌려 반기리
내게서 달아나는 사람은
속울음 쏟아도 보내리

하리, 그렇게

돌아보니 주마등이네

그때는 몰랐어
정녕 몰랐어

내 봄날은
영영 돌아오지 않는
편도 승차표였다

끝나지 않은 여행은
결말을 끄적거리고

툴툴거리지 마
정말 잠깐이었어
뭐든 스치고 말았지
지겨운 건 딱 하나
고놈의 이별뿐이었어

오래 갈 거라 여긴 사람도
오래 갔으면 바란 사람도
너와 나는,
우리는,
사는 일은,
칼날 품은 유리잔 같아

내던져 보기 전에는 도통 알 수 없어
난 겁쟁이라 한번 꽉 쥐어 보지도 못했어

미어터지는 흥행작이든
쫄딱 망한 실패작이든
방구석에 내동댕이친 구겨진 복권 신세여도

지나온 자국마다
넘치게 눈부셔 눈물 솟는다

갈림길에서

버스는 어디쯤일까?

돌아볼까, 말까
설마?
돌아보지 않기로 한다

순간
영화 속 장면이 펼쳐지고
버스는 꽁무니를 날름거리며 멀어진다

돌아볼 걸 그랬지
삶은 점치기 같아

망설이며
심호흡하며
기도하듯

한 장의 카드를 골라 집어 올리는 몸짓은
끙끙거려도 풀지 못하는
수학 문제처럼 늘 어려워

물음표인 갈림길에서
나는 가벼운 무게를 원한다

돌려보내고
돌려받고
땜질도 받을 수 있는

유별난 청혼

눈꼴시는 녀석들이
별의별 난리굿을 벌이네그려

눈 돌아가는 날개 춤에
입 벌어지는 마술 춤에
기똥찬 발레리노 흉내에
꼴값을 고루 떠네그려

이보시오, 암컷들
나는 화려한 재주는 없소만
바지런한 데다
목소리 하나만은 자랑거리오

번듯하게 지은 둥지 앞에
멋진 융단도 깔아 놓았소
하루는 횡재橫財도 했지 뭐요

몹쓸 인간이 버리고 간
양철도 두어 개 물어 놓았거든

인사가 늦었소
내 이름은 바우어새요

당신이 내게 시집오더라도
나를 볼 기대는 하지 마시오
소박데기를 피할 순 없소
실은 꼴찌 신랑감이지
어쩌겠소,
이 모양으로 생겨난 것을

인제 신방新房 치장도 다 마쳤으니
눈먼 당신이 사뿐히 날아와
내 덫에 걸려 주기만 하면 끝나오

활짝 웃는 해골로 남는 꿈을 꿉니다

당신을 보며
당신이 모르게
당신 너머
당신을 뚫어 봅니다

푹 패인 눈구덩이
먹물 찍은 쌍 동굴
도드라진 광대뼈
위아래 빼곡한 치아
살뜰히 챙겨 모아
윤곽을 잡아 봅니다

잘난 해골의 기준은 뭘까요?

잘났든 못났든 살가죽 속에는
뒷걸음질하며 나동그라질

주검이 포개 있습니다

뱃속에는 미처 내보내지 못한
오물이 썩어 문드러져도

똥도 아까운 사람이지, 수군대는
멋들어진 꿈을 꿉니다

자음과 모음 섞은 잡곡밥
- 그렇지 않아요

시가 말장난이라고요?

시는 배고프다고요?

시가 낙서처럼 쉽다고요?

딸막거리며 고른 찬거리
갖은양념으로 조몰락거려
밥상을 차립니다

새콤달콤한 사랑 접시
쌉싸름한 한숨 종지
짭조름한 쓸쓸 밑반찬
눈물 콧물 쏙 빼는
알싸한 이별 찌개
달큼한 칭찬 한 대접

간 보는 숟가락이 갸우뚱
마법 가루를 살짝이 뿌려요

자음, 모음 불린 잡곡 안쳐
추가 고함치다, 김을 토하다
뽀글뽀글, 자작자작 뜸 들면
맘 그릇에 고루 퍼 담아
허한 속을 달래 주어요

보름달 전등 밝힌 방에
흐물거리는 몸을 누이고
휴대 전화 뒤적거리다
달아난 잠 찾아 뒤척거리다
꼬마 시집을 꺼내 펼치면
촉촉하게 스며들다

보드라운 잠에 빠져드는

소리 없이 불러 주는 자장가입니다
체온 없이 어루만지는 약손입니다

훤히 드러나지 않아도
오묘하면서도 휘황한
무채색 일곱 빛깔 무지개입니다

2부

하룻밤 사이에

쉿,

지난한 땅속 형벌
속울음 울던 애벌레

대놓고 분통 터뜨리듯
첫울음 내지른다

참한 짝 어디 없어요?
살날이 너무 짧아요

고막 터질 듯
내 맘이 조각난다

쉿,

악쓰며 발버둥 쳐도
앞서거니 뒤서거니

뚝, 그쳐라

너와 나,
하루하루가 슴슴해도
잘 있다 가자꾸나

뒤통수 맞은 라이카

떠돌이 개, 라이카

편도 우주선에
덩그러니 앉아 해맑다

1957년 11월 3일
스푸트니크 2호, 발사
고막 터진 굉음
지옥 화염 치솟아
호흡 4배 ↑
심장박동 수
103회에서 240회

라이카는 5시간 만에
축 늘어졌다

지진 난 눈망울로
너는 무엇을 보았니?
생지옥을 가로지르며

나이 겨우 세 살
눈치껏 말 잘 듣고 살면
떠돌이 신세 면하고
살길이 열릴 줄 알았는데

인간을 믿는 게 아니었는데.

아픈 만큼 여물어지고

안개비 하얗게 날리는 이른 봄날

엄마 대신 크고 작은 인형 담아 온 아이들
솜털 보송한 너희에겐 먼 나들이

여자애 둘은 졸음을 깜박 집에 두고 온
조잘조잘 참새 짝꿍
봄 나비 살랑이듯 속삭인다

돌쟁이 인형 끌어안고 꾸벅이는 아이
게임에 정신 팔린 아이

참새들이 둘러선 방앗간
쉬어가는 틈에
소떡소떡 꼬챙이 하나씩 쥐고
추위에 바르르 움츠려도 까르르 까르르

찰칵
우리는 한곳을 바라보며
김치, 치즈, 입꼬리를 올린다

몽실몽실 어린 안개가 산허리를 휘감고
어둑한 숲에는 촉촉한 는개가 흩날린다

고요한 숲속, 왁자한 방마다 놀이가 새어 나오고
혼자인 얼굴에선 언뜻언뜻 비치던 실금이
자그만 등 너머에서 숨바꼭질한다

너희는 매화
겨울을 참아가며 보얀 망울 터뜨린 그늘 꽃

언어가 살인을 한다

유리 조각 언어가
눈을 후벼 파고
심장을 찌른다

멈추지 않는 피눈물
피 웅덩이가 고인다

돌쟁이 용쓰듯
일어서고 싶었는데
죽고 싶을 만큼
살고 싶었는데

난 아무 잘못이 없어
한 대 때린 적도 없고
조금 비아냥댔을 뿐이야
죽을 줄 몰랐다니까

멋대로 뇌까리는 혓바닥이
검붉게 썩고 있다

너는 보기 드문 재주꾼일세

철새족

수두룩한 철새
잔재미 찾아
모이 찾아
바삐 날갯짓 한다

눈치 보다
트집 잡다
소란 피우다
소리 소문 없이 이사 가며

여기도 별로
저기도 별로
코웃음을 휘날린다

민낯을 아는지 모르는지

무난한 척
무리에 섞여 있어도
거짓 입꼬리 올려도
뾰족한 송곳이
비명을 못 참아
주머니를 뚫어 버린다

이제, 어디로 갈 거니?

우리가 미처 몰랐던 도장

교차로에 날쌘 벌레 한 마리

어디를 향해 가려는 것일까?
먹이를 찾아가는 것일까?
밟히지 않으려는 몸부림일까?

어쩌다 바닥을 보던 걸음이
오늘만은 요행히 비켜 간다

뒤따라오던 사내의 구두가
바위 구르듯 도장 찍는다

비명도 지르지 못한 채 벌레는 떠났고
남자는 살생을 모른 채 떠났다

21세기 전쟁에 기막혀도

벌레의 내일을 위해
땅만 보며 걸을 사람을 찾습니다

휴대전화 보며 걷기도 바쁜 우리
꿀잠을 방해하는 모기가 성가셔
오늘 밤은 기필코 때려잡고 말리라
전기 파리채를 들고 희번덕거리는

무시무시한 포식자의 도장

하룻밤 사이에

큰비가 들쑤신 간밤이
아침을 헝클어 놓았다

치솟는 물살, 도심이 잠겼다

숨구멍만 내민 바퀴가
앞구르기 못해 되돌아가고
가지 않던 샛길로 사각 두상 들이민다

한눈판 사이
겁 주던 물줄기가 거짓말처럼 쓸려나갔다

물 수류탄에 널브러진 주검
움푹 패인 도로 위로 솟구친 시커먼 살점

밤새 깔지뜯긴 뭉게구름은

산밭 몰골로 떠다니고
눈칫밥 먹던 천덕꾸러기 여름은
보따리를 싸매 돌아서고

밥벌이에 쫓겨 속 타는 가을이
바지 말아 올려 물살을 헤치고
성큼 다가왔다

사라지는 것을 위하여

산의 북쪽 중턱
도심 속 시골 정취

가뭄에도 물이 마르지 않아
피난민이 알음알음 모여든
더부살이 둥지, 별빛 문패

어울리지 않는 찻길이 생기고
등 떠미는 사람들, 버티는 사람들
바지런해도 찬밥 신세

쉬엄쉬엄 오르던 소슬한 골목
골목을 비추던 침침한 가로등
가로등 아래 가난한 연인
숱한 사연을 삼킨 공중전화
발그레한 귀갓길, 홍얼홍얼

캄캄한 골목을 울리던 노랫가락
사람 냄새 묻어나던 이웃 소리
오며 가며 쉬어가던 구멍가게

주위엔 번쩍번쩍한 건물이 병풍 두르고
주머니 두둑한 자들
휘파람 불며 문패를 금빛으로 새긴다

헐리고 뜯기고 부서진 자리에
텃세 부리는 길고양이
개가 주인 찾아 떠도는 소리

돌아오지 않는다

바닷길은 두 얼굴
엎드리다 길길이 날뛰고
오라 하고는 꿀꺽 삼킨다

여름 바다는 꽉 찬 놀이터
차고 휑한 겨울 바다는
임자 없는 그네만이 오가고

고요한 열 길 물속을 노려본다
쥐어박아도, 들고차도
풀리지 않는 분을 삭이며

들뜬 웃음소리 끊기고
무지갯빛 꿈이 나자빠진
이공일사년, 사월 십육일
그날 아수라장은

재난영화가 아니었다

달팽이관에 메아리치는
사그라든 절규
잠잠한 오열

벌서는 맹골수도가 고개를 젓는다
뜨악한 눈초리로 묻는다

우리 잘못이라고요?
삶아도 지워지지 않을 핏빛 자국이?

그런 적 있는가?

바닥까지 떨어져 보았는가?
내장이 우는데 굶어 보았는가?

둘 데 없는 맘으로
수평선을 바라본 적 있는가?

내민 손을 거절당해
눈물 절로 고인 적 있는가?

들끓는 사람 속에 겉도는
외딴섬의 적막을 아는가?

닫힌 목구멍 아래서 요동치는
가위눌린 괴성을 들어 보았는가?

토닥이는 손길 하나 없어

바닥에 눌어붙은 산송장을 떼어
뺨따귀를 후리고, 몸을 흔든다

눈물 따위 거두고
눈꺼풀을 힘주어 뜨고
상체를 일으킨다

쌔가리 눈곱만한 답을 얻었다

물음표에 안개가 한 움큼씩 걷히는 산뜻함을 아는가?

어느 날 갑자기

너도 별다르지 않다

무례한 방문객처럼
홀연히 두드려 놀라게 한다

어질한 신호음에
현기증이 따라오고
핏기 가신 낯빛
바르르 떨리는 손
멋대로 널뛰는 심장
인중의 식은땀
전기 나간 머릿속

나를 떠난 나는
저만치 뚝 떨어져
남처럼 내려다본다

낯익은 외계인과
도심 전철역을
바삐 스치는 유령들

우리 사이엔
희미한 유리 벽이
고양이처럼 웅크려
서로를 숨죽이며 살핀다

지금도 좋다

가을이 활활 불타지 않는다
물러서지 않는 여름이 야속해
나무가 무너질 듯 한숨짓는다

그게 내 탓이라고? .
여름이 시뻘겋게 대든다

절로 붉어지는 대로
푸름이 남아 있는 대로
그대로도 눈부시단 걸
나무는 알까?
푸름이 붉은 심장을
품고 있단 걸
단풍나무는 알까?

화담숲 골짜기 따라 산기슭으로

날개 단 웃음이
꼬리에 꼬리를 무는

수국, 녹음, 단풍, 설국의 설렘을
사계절 잔치의 속삭임을

괜찮지 않지만 괜찮습니다

집을 키웁니다
차를 바꿉니다
빚을 갚습니다
시원하게 한턱냅니다
비행기 타고 여행 갑니다
아찔한 천국이 펼쳐집니다

내친김에 별도 따 볼까
별 따기는 희망 고문의 시작
기다림은 시소 놀이죠

끝나기 전엔 끝이 아닙니다

"잔치가 끝났다 카더라"

떫감을 머금은 맛이지만

덧나는 쓰라림은 반나절이면 거뜬할 테고
주말이 오기 전에 복권을 사러 갈 테죠

숱한 일주일은 지치지 않고 떠오를 겁니다
땅을 파도 나오지 않을 그깟 천 원짜리에

너희도 우리와 똑같아
- 토리와 로키타

흑인 이민자 토리와 로키타가 노래한다

"장터에서 동전 두 닢에 아버지는 생쥐 한 마리를 샀네
 그런데 고양이가 와서 생쥐를 먹어버렸네
 그런데 개가 와서 고양이를 물었네
 그런데 나무 지팡이가 나타나서 개를 때렸네"*

우리가 사는 곳은 이승인가? 저승인가?
저승 같은 이승에서
잡아먹고 잡아먹힌다

토리와 로키타는 사람인가, 생쥐인가?
사람이면서 생쥐 같은 삶, 사람 생쥐인가?

사람 생쥐는 유령인가? 괴물인가?

지나다녀도 보이지 않고
떠들어도 들리지 않아

이공일팔년, 제주도 바다에도
살고 싶은 난민들이 몰려와 벨을 눌렀다
사람 생쥐들이었다

너희는 우리와 달라
함께 산다는 건 꿈나라 이야기야
한 무리가 시위하며 굵은 핏대를 세웠다

여보세요
아시나요?

사진도 심심한 독사진보다
여럿이 깔깔깔 어울려 찍으면

다습게 환해진다는 걸요

* 안젤로 브란두아르디의 노래 '알라 피에라 델레스트(Alla Fiera Dell'Est, 1976)'로 영화 '토리와 로키타'에 실린 주제곡이다. 영화 '토리와 로키타'는 2023년 5월 10일 개봉된 뤽 다르덴, 장 피에르 다르덴 형제 감독의 작품으로 제75회 칸영화제에서 75주년 특별기념상을 받았다.

3부

한여름 밤의 꿈일지라도

한바탕 울고 나면 괜찮아

집게손가락 눌러 지웠다
눈 비벼 보아도
힘들게 말하지 않아도
돌아섰음을 안다

그깟 사진 몇 장 지운다고
흔적이 사라질까
들썩이던 자취마저 없던 일이 될까

밀어내지 않아도 떠날 사람은 떠나고
모르고 지나쳤던 위장병의 흔적처럼
상처는 절로 아물 테지

여름이 간다고
가을이 간다고
울지 않는다

견디면, 다시 봄

봄은 새 소리로 울고
여름은 매미 소리로 울고
가을은 벌레 소리로 울고
겨울은 바람 소리로 우는데

사람은 늘 사랑 때문에 운다

안갯속에 머문다

너는 찰나였고
얼굴조차 남기지 않았다

눈빛 한 번 스쳤을 뿐인데
얼굴 없는 너는
내 안에 눌러살면서
조금도 늙지 않는다

네가 늙지 않은 것처럼
나도 네 안에서 그대로일까?

새까맣게 파묻힌 너를
끄집어내는 아스라이 함은
온종일 굶은 빈속맹키로
쪼그라들고, 허기지고
목구멍을 찾지 못한 채

혓바닥에서 녹는 약맹키로
오만상을 찡그리는 맛이다

꿈에도 모를 테지
눈뜨고도 잡을 수 없는 너는
내게 알랑이는 봄바람일까

떠나지 않는다

얼마나 신고 다녔을까?
숨 죽은 끌신

시커먼 얼룩이 점점이 무늬 그린
보얀 끌신은
한동안 군말 없이 따라다녔을 거다

이제 주인 잃은 너를
쓰레기봉투에 눌러 버린다
땅거미같이 꺼진 맘도
꾹꾹 눌러 버린다

네가 흘리고 간 이명과 잔향은
틀어막아도 모질게 살아남아
불쑥 머리를 내밀다 날름 사라지는
까마득한 날의 두더지 잡기 놀이

너는 너를 지우지 못할 내가
죽어야만 사라질 거다

여름은 떠날 때를 잊은 채
시름시름 미쳐 가고
가을은 문턱을 넘지도
돌아가지도 못해 찌붓거리고
소슬한 밤을 기다리다 늘어진 사람들이
싫증 난 땡볕에 타들어 간다

참을 수 없는 가을은
철모르는 여름을 기어이 몰아내어
자기의 빛깔로 물들이고 바스락거릴 거다

가을이 가을답지 않아도

겨울에 떠밀려 쫓기듯 떠나도

가을이라는 이름만이
노을빛으로 태울 수 있는 거

돌아오지 않는 군청 빛 옛 하늘엔
돌아오지 않는 사람들이 흘러 다니고

우리 사이에 흐르는 강

나목에 끌리는 건 알 수 없어요
이토록 빠져드는 걸요
이토록 흔들리는 걸요
당신도 가만히 털어놓네요
당신은 골목에 끌린다고요?
적어도 내겐 낯선 끌림이죠
나와 닮았다 여긴 당신이
태양만큼 멀어지네요
여름이 아직 포개 있어
한 그루 나무가
한 빛깔로 물들지 못하고 있네요
어쩔 수 없는 건
어쩔 수 없음에
마침표 찍고
고개를 끄덕입니다.

한여름 밤의 꿈일지라도

사람 무리 속으로 비집고 들어가자
침잠한 끝자락에서
고개 쳐드는 공허를 모른 척 말자
연분홍 배롱나무 줄지어 선 농원으로 가자

찰옥수수, 왕 감자가 질식해 익어 갈 짬에
국수 말아 훌훌 넘기고, 들통에 수육 삶는다

향 피운 숯불 잔치, 매캐한 연기 솟고
하품 나는 이야기도 덩달아 피어오르고

낯가리는 뽀삐가 퍼질러 헥헥거리는 열대야
삼겹살 조각에 넘어간 희동이는
부스럭 발걸음 소리에 동공이 번쩍인다

사람에 데인 사람이 사람에 기대어

이거 먹어요, 이리 와요, 손짓 한다

이른 아침, 산사 가는 길

하루살이가 죽어라 달려들어도
끈적한 육신이 아미타불 마주해
갇힌 아우성을 날리고 되돌아오는 길

차도만 있는 길에 차는 보이지 않고
자전거가 앞서 구르며 줄지어 달려가고

푸르죽죽한 대봉감, 돌배나무가
보이지 않는 가을을 손짓하는 소리

그사이 충전기가 배를 채웠다
백 퍼센트

비타민 한 잔

옷가지 걸쳐 두고
삶을 저울질한다

정나미 부푼
불타는 잔이
부딪히다
침방울이
허공을 쏘면
생채기
멍울멍울
가슴으로
뇌 속으로
총알처럼
파고든다

핏발 선 눈동자

술내 쩐 입가

구석 자리
무거운 뒤태

뽀샤시한 주광등 아래
해맑은 토깽이
토닥토닥 재우다
새침해진 여우
사내가 씩 웃다가
비틀비틀 일어선다

좋은 사람으로 남고 싶습니다

당신에게 수액輸液을
한 방울씩 떨어뜨립니다

열 손톱이 모르는 사이 자라듯
당신 곁에서
손톱만큼 반짝이고 싶습니다

열 발톱이 모르는 사이 자라듯
당신 곁에서
발톱만큼 반짝이고 싶습니다

머리카락이 모르는 사이 자라듯
어제보다 윤기 나는
말똥한 우리를 느끼고 싶습니다

어쩌다 가끔은 맘 같지 않게

자로 재듯 선을 긋지만

당신에게 피처럼
한 방울씩 스며들고 싶습니다

멀리서 보니

달은 언제까지나
고혹적인

두 손 모은 창백한 여인
가슴 저미는 서늘한 여인

호젓한 창窓을 비추는
하늘 가로등

불덩이 숨긴 별 무리는
숨죽인 반짝거림

잠도 잊은 채 빠져드는
찬란한 흰 빛 방울

귓전에 다가와

동화童話를 소곤거리는

사람도 그렇다지

가까이서 보아도
멀리서 보아도

질리지 않는 사람이
푹 우러난 진국이라지

얼음이 속삭인다, 녹고 싶어

창가 자리에 앉아

"우리 여기까지인가 봐요"

배우처럼 내뱉는 대사가
하나도 안 멋지더라

낯선 이들이 보인다
낯선 음료가 놓인다
낯선 입술이 홀짝인다
낯선 이야기가 쏟아진다
낯선 웃음이 흩날린다
낯선 치아가 만개한다
낯선 손짓이 허공을 젓는다
낯선 이의 반나절이
낯선 저장소로 들어간다

언어의 칼이 심장을 겨누어
5초 동안 얼어붙다가
1초 만에 얼음으로 남았다

어렵다 어려워

도대체 맘의 거리는
어디쯤 돼야 할까?

만나면 좋다가도
싫다며 돌아선다
초라해진 한쪽은
억장이 무너지고

살갑게 살고 싶은데
담이 높아 맘뿐이고
안 보면 불편하지만
편할 때가 더 많아

보기 싫어도 인상 찡그리며 보아야 하고
보고 싶어도 통 안의 김치 누르듯
납작 눌러야 할 때도 있어

그러니까 말이야
적당한 거리가 필요해

너무 가까이 다가오지도
너무 멀리 달아나지도, 마!

변덕쟁이

정이란 물건이
훅 다가오네

알게 모르게

맘을 살살 간지럽히는
봄바람맹키로

착 들러붙다
툭 떨어지네

나도 모르는 사이
떨구고 만 단추맹키로

가랑비가 내린다
어느 순간

축축해지기 시작했을까

참말로 별로다
억수로 별로다

찬밥 같고, 더운밥 같은 게

다른 걸 어떡해

밝음이 좋아, 은은한 조명
묽은 밥 좋아, 탱탱한 고두밥
양푼에 비빔밥, 비위 약해 따로
고기 좋아, 채소 좋아
생선 좋아, 비린내 싫어
텃밭 좋아, 지렁이 싫어
시골 좋아, 도시 좋아
감자 좋아, 고구마 좋아
콜라 좋아, 사이다 좋아
영화관 좋아, 공연장 좋아
트로트 좋아, 발라드 좋아
야구 좋아, 축구 좋아
코스모스 좋아, 덩굴장미 좋아
등산 좋아, 산책 좋아

달라서 미안해

솔직히 미안하지는 않아

함박눈이 좋아
아니, 창문을 두드리는 빗방울이 좋아

뒤통시치지 마라

수돗물이 떨떠름해
정수기가 떨떠름해
샘물이 떨떠름해
끓인 물이 떨떠름해

생수만 먹습니다

각중에 미세플라스틱이
싸한 눈초리로
혓바닥을 날름거립니다

눈알이 핑 돌고
뒤통시가 얼얼합니다

누가 무슨 소리를 해도
바보처럼 믿고 싶은데

맘 놓고 기대고 싶은데

이제 사람까지 돌아가며
뒤통시를 칩니다

우야믄 좋노?

설국에 피어난 꽃

눈의 왕국으로 빨려 들어간다

소복한 솜이불을
목까지 당겨 덮은 나목
생긴 대로 쌓였네
잠결에 걷어찬 자락이
어깨 아래로 미끄러지다
흐르던 대로 멈추었네

머리부터 발등까지
솜옷으로 덮어쓴 구상나무
바쁜 걸음을 붙들고

똑똑 녹아내리는 소리
떨구는 방울방울이
움츠린 응달에 스민다

뽀지직 내리찧는 사람사람이
함빡 피어난다
시들지 않는 눈꽃으로

녹지 않는 동화를 품어
차가운 꿈을 꾸는 눈꽃으로

4부

돌아오지 않아서 그리움이다

엄마는 고마 개안타

니 가던 날
하늘이 무너졌다

하모, 그런 난리가 또 있을라고
조상이고 제사고 말캉 소용 없다
귀신이 있으면 보고만 있었겠나

인자 남은 날은 산지옥이다

자슥들 퍼 주고 싸 줄라고
새벽도 모르고 밤중도 모르고
농사짓고 산 죄밖에 없는데

논으로 밭으로 훨훨 댕기다
하루아침에 갇혀 살 줄 누가 알았겠노
할매라도 있으면 좀 낫겠지

느그 아버지는 우짜고 있는고?
애들 걱정에 발이 안 떨어지나?
훌쩍 갈라고 그리 살가웠더나?

감방이라도, 지옥이라도
니가 있으면 얼마나 좋겠노

아무 걱정 말그래이
엄마는 고마 개안타

눈물이 흘러도

피도 안 마른 녀석이
좁다란 화장장으로 들어와
나를 깔고 앉습니다
젖 먹던 힘까지 보태
녀석의 몸통을 지폈습니다

우리를 들여다보던 아지매가
밥솥을 얹고, 냄비를 얹고
김을 앞뒤로 팔랑입니다

밤새 구들을 데워
식구를 어루만지고 찜질했습니다

뒤엉키고 시큰한 젖은 솜뭉치를
아랫목에서 지지고 나면
솜사탕처럼 일어나

일터로, 학교로, 흩어졌습니다

하룻밤 사이 나는
살빛 재로 폭싹 늙었습니다

뾰족한 집게가 나를 꽉 물어
대문 밖으로 던지는 것도 모자라
내리 패대기치다가
조각조각 부수기까지 합니다

열아홉 구멍에서 열아홉 줄기
뜨뜻하고 짭조름한 물이
힘없이 흘러내립니다.

화이트 크리스마스가 올까?

캐럴 방방 울리던
세밑 도심 복판

온몸 들썩인 사람들이
골목골목 누비며
펑펑 퍼부어다오
함박눈을 기다렸다

산타 할아버지가 올까?
고사리손을 보태 매단
올망졸망 까치 꽃 걸친 환한 깜박임
달게 보던 꼬마둥이
동화 속으로 **빠져들었지**

언젠가 캐럴이 끊긴
도심의 적요한 밤거리

키 낮은 성탄 목엔 꼬마 솔방울
여린 불빛 깜박이는 꼬꼬마 전구

까치 꽃 걸친 환한 깜박임은
나이 들지 않는다

삼십 분만 더 있다 가라

호박죽 끓인다
도토리묵 만든다
고추장 담근다
와서 저어 주고 가라

고구마 폭폭 삶기고
문어가 익어 갈 동안
위층 할배 날벼락 죽음
뒷동 할매 입원 소동
고릿적 얘기가 불려 나온다

봉다리 포개 얹은 장바구니가
불룩불룩 머리를 내밀고
눈치 보며 신발 찾는데

버시로 갈라고? 더 놀다 가지

지구를 뒤집어 탈탈 털어도
둘도 없이
나를 비추는 해와 달처럼
얼굴 하나가 창틀에 걸렸다

모퉁이 돌기 전 멈춘 걸음이
뒷걸음질 치며 손을 흔든다

쑥이 사람을 울리네

쑥 캐러 갈까?

팔순 노모 챙긴 나들잇길

까마득한 어느 봄날
큰 개에 쫓겼었지
한 줌 쑥 소쿠리 엎어지고
칼은 저대로 풀숲에 숨고
가시내는 옴마야, 아아악
산을 뒤집으며
날아갔던 난리굿을
나이 탓에 잊은 걸까

이른 봄이면
딸내미를 부추긴다

주저앉아 쑥 캐던 노모
손 놓고 먼 곳 바라보다
한숨 토하는 혼잣말이
강바람에 묻어와 박힌다

생전에 쑥 캐러 또 오겠나
언제 이래 늙었을꼬
인자 갈 곳은 한군데밖에 없다

철 지난 옷, 서랍에 넣으며
내년에 또 입겠나

적색 신호등

별로 안 춥다
(바깥 날씨 영하 7도)

괜찮다, 아픈 데 없다
(목소리가 딱 감기?)

추운데 모자는, 목도리는
왜 안 했노?
(아부지는 왜 안 했소?)

여보세요?
119입니다

내달리는 낮밤에
무릎 꿇은 노구老軀

환청인 듯 스치는
엄마의 넋두리

얼른 가야 느그가 편한데
명이 길어 큰일이다

딸내미 상할까
가죽만 남은 팔이
앞을 가로막는다

내 앞에서 적색 신호등을 켠다

엄마 숟가락

모진 낮밤을 숫돌에 갈아
허울만이 강철로 남은
얇은 숟가락 하나
수저통에 꼿꼿이 꽂혔다

알맹이는 야금야금 뜯기고
매듭 풀린 풍선 모양
쪼그라든 숟가락 임자
살가죽만 남아 돌아다닌다

가벼워서 좋다, 긁기 좋다

주인의 머쓱한 칭찬에
숟가락은 벅차오르고
볼품없다, 바꿔
깎아내리는 군소리에도

저만은 버리지 않겠지
머리를 끄덕인다

속이 까매진 주인이
모로 누워 찾지 않아도

비가 오나 눈이 오나 바람이 부나

서로밖에 몰랐던 둘은
처음처럼 단짝으로 남았다.

잘 가!
- 이종사촌 오빠에게

우리 연줄은
길지 않았고
얕지 않았고
무겁지 않았다

한때는
풋풋하게 다독이고
한때는
그렁저렁 익어 갔을 뿐

순한 너털웃음을 날리며
오래 함께한
내 사람들 언저리를 맴돌고 있구나

속이 상해도 티 내지 않던
무던함 때문에

무너진 건 아닌지

가라앉게 눈부신 날
오라비 숨이 멈추었던
모진 거리를 지난다

몌별
- 이종사촌 오빠를 그리며

한 나무 잔가지에서 생겨나
서로 지저귀는 소리에
귀 기울이며 장난질했다

둥지 꾸려 날아간 새 떼
저 닮은 새끼 품고
모진 너울 헤쳐 가며 살았다

느닷없이 날아든 기별

노인 틈에 묻어온 반늙은이
생전인 듯 자글자글한 눈웃음
어거지로 놓은 이승 자락

꿈인가!
머나먼 곳으로 날아갔구나!

우리가 살던 숲속은
꼬부랑새가 여럿 떠나가
나눌 뒷이야기가
먼지 앉아 수북하고
남은 새들이 순서 모르고
낙엽처럼 매달렸다

둘째는 많이 바쁜가보다

아무것도 모른 채
이제나저제나 금쪽이 기다려
바람이 스쳐도 어미 새는 속이 베이고

들꽃 동네

재칫국 사이소, 재칫국
여명을 이고 오던 아지매

절뚝이던 화장지 장수
꿀수박, 꿀참외, 꿀자두
외치던 과일 장수
계란이 왔어요, 계란
노른자가 통실통실한 계란
흰자가 살아 있는 계란
싱싱한 계란이 왔어요
금이빨, 은수저 삽니다
개, 삽니다, 고양이, 삽니다

찹쌀떠억, 메밀무욱
적막한 겨울 골목을 적시던 소리

부업거리 용달차에
대문을 부술 듯 뛰쳐나온 아낙들
벌떼처럼 내달렸지

식구가 모인 한겨울밤
아랫목 차지하고 늘어진 살찐이

제집에 들어간 나무젓가락은
허리마다 수북한 언덕을 쌓았다.

우산이 뒤집어져도 좋은 날

달라붙던 여름을 떨친
텅 빈 도심의 밤

까마득한 곳에서
거센 빗줄기가 내리꽂는
동그란 파동波動
나지막이 파닥거리는
앉은뱅이 작은 물별

첫울음은 반백을 넘었다
왕자의 만찬 초대에
여왕은 오물거리다
찻잔에 입맞춤하다

바람비가 통째 세낸
색소폰의 선율 따라

달게 녹아내리다

벅차게 차오르는 밤이

찹쌀떡처럼 녹진하게 감겨들고

돌아오지 않아서 그리움이다

고만고만한 가시내들 설빔은
머리맡에 고이 포개져 새벽을 기다렸고
엄마가 살살 흔들어 깨우면
젤 어린 가시내는 꼬까 입고도
눈 비비며 식구를 따라나섰지

칼바람 뚫은 택시가
드문드문 동네 어귀 들어서면
뉘 집 오는 손일까?
어른, 아이 달떠 지켜보았지

복작거리는 정기 작은 문으로
가마솥 떡국이 줄줄이 나오면
큰집 언가는 색색 고명으로 치장하고
축담에 쪼그려 앉은 큰아버지는
석쇠에 고기 구워 오라 손짓했지

귀동이 오누이와 벌인 끝말잇기 놀이도
금세 밑천이 드러나 시들해지고

집으로 돌아갈 즈음이면

턱이 덜덜거리는데, 이가 딱딱거리는데
눈 뜨고 있어도 눈앞이 캄캄한데
뒷집 개 짖는 소리가 목줄 풀려 달려오는데

둥글게 둥글게 둘러선 이바구는
밤이 으슥하거나 말거나
셀 수도 없는 별을 세느라
쪼끄만 가시내는 안중에도 없었지.

인공지능으로부터

너를 보내고
속 시원하다며 잊었는데

당근, 낭랑한 두드림
보낸 이: 변색 있는 아이스박스

저는 겉은 좀 얼룩덜룩하지만
속은 보얀 아이스박스예요
캠핑장에서, 공원에서
님과 함께했던 시간이 스쳐 지나가네요

이제 새로운 주인과
즐거운 나날을 만들 생각에 들뜨면서도
한편으로 님 곁을 떠나는게 아쉽기도 해요

늘 건강하시고

앞으로 하시는 모든 일마다
웃음꽃이 피어나길 바랄게요

너는 언제부터인가
베란다 선반에 모셔진 채
먼지만 세고 있었다
너를 챙기지 않는 동안
분가루처럼 보얗던 얼굴은
누렇게 상해 갔지

그간의 情이 없는 나를 나무라는구나

아이스박스야
네가 있어 아이들과 떠난 소풍마다
배부르고 든든했다
인제 새주인 따라가 잘 살아라

슬픈 간극

나는 어엿한 사람

너는 새들한 개

빈둥거려도 이쁜 한량
밥값 하는 보물단지

거머리 놀이, 숨바꼭질
요리조리 휘젓질도
내 눈에서 꿀 떨어진다

나는 하루를 살았을 뿐인데
나는 일 년을 보냈을 뿐인데
너는 수년을 보낸다고 하네

너는 무에 급한지

나를 앞서 늙어가고
현관문 소리에도
부스스한 낯으로 눈만 맞춘다

한 입만, 한 입만
촉촉한 눈빛 발사에

'오래 보고 싶어서 그래'

파도치는 맘 꾹 누르고
터덜터덜 돌아서는 너를 살핀다

나는 찡얼거리는 너를
읽지 못하는 까막눈

너는 모래시계

어미의 심장을 태우며 떨어지는
가녀린 흙의 소리

┃시인의 글┃

진정한 나를 찾아가는 여정

진정한 나를 찾아가는 여정

 내 발자취를 더듬어 돌아보니, 어느새 반백이 훌쩍 넘은 지점에 도착해 있다. 산다는 건 태생적으로 예민한 내게 쉽지 않은 여정이었고, 무지렁이처럼… 흐르는 강물에 나를 띄우고 바람에 떠내려가게 내버려둔 것은 아니었던가 한숨이 밀려온다.

 나비의 날갯짓이 지구 반대편에서 태풍을 일으키듯, 거미줄처럼 진득하게 얽히고설킨 인과응보를 이제 와서 내 탓, 네 탓 하는 것은 부질없다고 여긴다.

 그럼에도 남들처럼 생명 셋(애견 포함)을 보듬은 일은, 평범한 자랑거리다. 비록 그것이 남들도 대부분이 경험하는 하나의 인생 굴곡에 지나지 않는다 해도.

 나는 창녕군 남지읍에서 태어났다. 얌전하고 온순한 편

이어서 평범한 유년기를 보냈던 걸로 기억한다. 고향은 누구에게나 그렇듯 향수를 불러일으킨다. 이제는 마음으로만 달려가는 아련한 기억 조각에 불과하지만.

당시 눈에 익은 길을 따라 한참을 걸어가면 외가가 있었고, 대문을 밀고 들어가면 한 귀퉁이에 딸기가 탐스럽게 달려 있어, 언니와 쪼그려 앉아 잘 익은 딸기를 골라 먹었다. 비녀 꽂은 외할머니가 우리 자매를 반겨 주던 그 시절, 여름 해거름에 손맛 좋은 엄마가 평상에 밥상을 차리면, 외할머니와 둘러앉아 먹던 저녁밥은 꿀맛이었다. 다시금 그리운 그때로 돌아가고 싶은 심경을 어찌 달랠까.

집에서 더 먼 동네에는 큰집과 친척들이 살던 집들이 있었다. 큰집으로 가는 긴 둑을 따라 걸으면 깊어 보이던 삼각형 모양의 작은 못과 큰 정미소를 지나쳐야 했다. 길머리에 울타리와 대문이 없던 집에는 기다랗고 희뿌연 거울, 달력과 가족사진이 걸려 있었고, 구멍가게 딸린 마을회관을 지나면 멀리 중앙에 큰집이 보였다.

내가 초등학교 2학년이 될 무렵, 부친은 조부의 만류에도 불구하고 시골 생활에 마침표를 찍고, 가족을 챙겨 부산으로 이주했다.

다음 날 나는 두근거리는 심장을 느끼며 전학 간 초등학교로 등교했다. 시골에서는 부러움의 대상이던 나비 장식이 달린 하얀 고무신을 신고. 운동화 아니면 구두를 신은 도시의 아이들이 신기한 듯 내 고무신만 뚫어지게 바라보던 기억이 난다.

부친의 생업에는 크고 작은 어려움이 따랐고, 딸린 식솔들은 함께 고생해야 했다. 촌부에게 메마른 도시는 결코 만만한 대상이 아니었으리.

어릴 적 나는 책 읽기를 좋아했지만, 막상 집에는 비치된 책이 별로 없었다. 집 근처 만화방에 쭈그리고 앉아, 오줌보가 터지기 일보 직전까지 순정 만화를 보든지, 친한 친구 집에 놀러 가서 책을 곧잘 빌려오고는 했다. 친구의 작고 아늑한 방에는 〈세계명작동화전집〉이 있었는데 한 권을 빌려와 다 읽고 나면 반납하고, 다음 편을 빌려오는 식으로 책을 향한 배고픔을 달랬다.

집으로 돌아와 책의 첫 장을 넘길 때면 앞으로 펼쳐 질 이야기에 대한 호기심에 마냥 들떴고, 책을 붙들고 있을 때만은 나는 고만고만한 시시한 소녀가 아닌 어느 나라의 어여쁜 공주였다. 늠름하고 멋진 왕자와 만나 오래도

록 행복하게 산다는 결말은 늘 흡족했다. 길지 않았던 시골 생활과 책 읽기로, 내 감성의 씨앗은 단단해지고 있었는지 모를 일이다.

나는 '대리만족'이란 말을 좋아하지 않는다. 살아오면서 한 가지가 늘 아쉬움으로 남아 있었고, 그것은 세월이 가도 저절로 떨쳐지지 않았다. 늦게나마 내 한계를 스스로 극복하고 싶어 쉰이 넘은 나이에 대학에 도전했다. 만학이면 어떠하리. 비록 스물만이 가질 수 있는 낭만은 주어지지 않아도, 그 자체로 의미는 충분했다.

문학에 대한 열망이 내 안에 꿈틀거리는 걸 알기에 고민하지 않고 방송대 국어국문학과를 선택했고, 순수 학문을 극복하는 과정은 쉽지 않았으나 내 남은 열정을 쏟아부었다.

대충 점수 따서 졸업하기 위한 목적이 아니라, 나를 올곧게 숙성하고 싶은 욕심으로 공부에 진지하게 임했고, 다행히 보상이 따라 주어 학기 내내 성적 장학금을 받을 수 있었다.

배움은 여태껏 사는 동안 내가 누구에게서도 구하지 못해 길을 헤매었던 물음, '어떻게 살아야 하는가?'에 대한

해답을 선물로 주었다.

교재를 들여다보며 지난날의 어리석음에 한숨짓기도 하고, 끄덕거리기도 하고, 눈물이 차오르기도 했다. 돌아서면 잊어버리는 나이에 다시 잡은 공부였지만, 덕분에 허전한 내면이 채워질 수 있었다.

학부 과정이 끝나고 우연히 모교 동문 통신원으로, 총동문회 임원으로 봉사할 기회가 생겼다. 동문 통신원은 동문의 활동과 타의 모범이 되는 동문을 발굴해 기사로 작성해 학교 신문에 알리는 중요한 역할이다. 이 또한 주어진 책임감으로 누구보다 열심히 기사를 썼고, 남다른 경험은 습작하는 데 적지 않은 도움이 되었다. 공부와 봉사를 통해, 순전히 내가 노력해서 얻은 결실은, 내 보람으로 남는다는 가치 있는 체험이 뿌듯함을 안겼다.

졸업하고 난 뒤, 모처럼 한가해진 나는 평소 좋아하는 영화를 실컷 보았다. 다큐 프로그램도 더불어 많이 보았는데, 시집에 실린 「너희도 우리와 똑같아」와 「유별난 청혼」은 이때 창작한 작품이다.

〈토리와 로키타〉를 시청하고 나서 울분을 토하고 싶은 감상평을 「너희도 우리와 똑같아」로 풀어냈다. 「유별난 청혼」은 바우어 새가 사람으로 치면 인성이 바닥인 바람둥이지만, 새라는 이질감과 타고난 대로 열심히 살아가는 자연의 모습이 신기해 시로 남기고 싶다는 생각이 들었다.

 시가 어렵다는 말들을 하는데, 내 생각은 조금 다르다. 물론 작품성이 뛰어난 시가 인정을 받고 눈길을 끄는 것은 사실이나, 글은 쓸수록 는다고 하지 않는가.
 나는 사람은 누구나 시인을 가슴에 품고 산다는 말에 공감하는데, 주위에 시와 별로 어울리지 않는 분위기를 가진 사람들이 시에 관심이 많은 경우를 종종 본다.
 작년 초여름, 지인이 전화를 걸어와 창작 공부를 하러 가자고 제안을 해 와 기꺼이 따라나섰다. 문학을 통해, 글을 통해 나를 끄집어내고 싶은 욕구가 컸다. 어린 것이 어이해 슬픈 동요만 좋아했는지, 소녀 시절은 애절한 발라드만 끌렸는지. 내 안에 뭉친 까닭 모를 무거운 색채는 언제부터 생겨나 여태 사라지지 않는지. 나는 내가 궁금했다.

 수개월 성실하게 다니며 배운 덕에, 시조와 시 부문에서 등단, 〈신인상〉을 받았다. 연말에는 부산문화재단의

'부산문화예술지원사업'에도 선정돼 이렇게 첫 시집을 출판하게 되니 감개무량할 따름이다.

우리는 슬픔이나 분노를 느낄 때 울음으로 흔히 표현한다. 나는 시 창작을 배웠고 자연이나 사물, 사람들의 다양한 모습을, 나의 감정을, 글로써 풀어내게 되었다.

현재는 모교 동문의 창작 동아리 '늘창문학회' 회원으로 활동 중이며, 작가로서 좀 더 깊이 있는 작품을 쓰고 싶어 그동안 게으름을 피웠던 독서량을 늘리는 한편, 대학원에서 폭넓은 공부를 이어가기로 생각을 굳혔다.

대학원 면접 보는 날, 늦은 나이에 공부를 다시 하는 이유가 궁금하다는 질문을 받았다. 나는 바로 공부는 내가 좋아하는 여행과 같다고 답했다. 공부나 여행이나 내가 경험하지 못한 미지의 세계로 떠나는 점이 닮았다고 생각하기 때문이다.

문학의 길이 내게 결코 생뚱맞은 길이 아님을 믿기에, 진정한 시인이 되는 길을 게을리하지 않으리라, 다짐한다.

어떤 시인이 될 것인가. 나는 난해한 시를 지향하지 않는다. 작은 깨달음일지라도 독자들과 공감할 수 있는 데 초점을 두는 편한 시가 좋다. 힘들고 지친 영혼을 위로 하는 시, 비타민 한 알 삼킨 것처럼 생기 주는 시, 곁에 두고 언제든지 가볍게 열어보고 싶은 시, 가방에 넣어 챙겨 다니고 싶은 시를 쓰고 싶다.

독자마다 해석이 달라도, 내 시를 읽으며 한 줄기 희망을 얻고, 마음 한 부분이 촉촉해진다면 작가로서 더 이상 바랄 것이 있을까.

약육강식이 끊임없이 반복되는 험한 세상을 사는 우리, 그렇기에 부조리하고, 억울하고, 소외되는 것들도 잊지 않고 챙기고 싶다. 물론 시의 소재는 무궁무진하다고 여기는 터라, 내가 숨쉬는 날까지 시 창작의 길은 이어질 것이다.

이번 첫 시집은, 자식을 향한 부모의 내리사랑, 지구 온난화에 따른 계절의 변화, 사람마다 타고난 다름을 서로 포용하자는 바람, 우리의 영원한 설렘이자 아픔인 사랑과 이별, 그에 따른 풀지 못한 회한, 그리고 사랑하는 대상과의 마지막 이별 즉, 죽음에 관해서 시를 썼다.

수록된 시 중에 「우산이 뒤집어져도 좋은 날」이라는 시가 있다. 비가 강풍까지 달고 온 날, 인적이 끊긴 밤거리를 아들과 걸었다. 예약을 해 둔 터라, 둘이 우산을 꼭 붙들고 연인처럼 걸으며 카페를 찾아갔다. 아들은 엄마의 생일을 기념하기 위해 나름 고심해서 장소와 날을 잡았는데, 하필 날씨가 엉망이었으니.

고풍스럽게 실내장식 한 내부는 마치 궁전 같았다. 날씨 탓에 손님은 우리뿐이었고, 카페 주인 내외는 우리에게 최상의 서빙을 해 나는 그만 왕실의 여왕이 된 착각에 빠져들었다.

생일 만찬이라고 하니 카페 주인은, 2층으로 우리를 안내하고는 색소폰으로 생일 축하곡을 연주해 주었다. 을씨년스럽기만 하던 밤이, 거센 빗소리와 색소폰이 감미로운 하모니를 이루며, 아들과 내게 평생 잊지 못할 특별하고 아름다운 밤을 선물했다. 마치 어린 시절의 동화 속에 들어온 것 같은 황홀한 밤으로.

고백하자면 내 자화상은 겨울 나목이다. 나무는 봄과 여름, 가을이 전성기이고, 겨울은 꽃도, 잎도, 단풍도 다 떨어낸 탓에 아무도 거들떠보지 않는다. 사람들은 화려한 봄꽃을, 여름의 신록을, 가을의 단풍을 노래하길 즐기지만, 나는 볼품없는 나목에 마음이 쓰인다. 겨울이면 나 홀로 나목의 아름다움을 감상하곤 한다. 새파란 겨울 허공에 삐죽삐죽 날 선 나목들…. 이해는 바라지 않는다, 그냥 좋으니까.

 그렇더라도 나목이 죽음을 향해 가는 끝은 아니지 않은가. 봄을 탄생시킬 준비를 하는 휴지기이면서 모진 계절을 참아내는 위대한 모성이다. 모두 털어내고 나면 말간 가지에 새잎이 돋고, 꽃이 만개하는 날을 고대하는.

 나목이 좋은 또 하나의 이유는 나와 닮았기 때문이다. 겨울 나목이 맨몸으로 추위와 외로움을 이겨나가듯, 나도 야생화처럼 살아왔다. 같은 하늘 아래 존재해도 내겐 없고, 없는 것 같고, 차라리 없느니보다 못한 사람들 때문에 상처받으며 움츠리긴 싫다. 웃고 떠드는 시간보다는 얼음산을 품은 채, 사색하고 자연을 가까이했던 차분한 정서가 시심을 키웠으리.

2025년 10월

시인 오유안

이별은 울 코스로 부탁해

초판 1쇄 인쇄 2025년 10월 1일
초판 1쇄 발행 2025년 10월 15일

지은이 | 오유안

펴낸이 | 오창헌
펴낸곳 | 도서출판 푸른고래

출판 등록 2012년 1월 12일 제2012-000001호
44679 울산광역시 남구 눌재로4번길 12-1, 101호
전   화 | 052-222-0124
이메일 | 2220124@daum.net

ISBN 979-11-92898-21-6 03810 : ₩12000

* 이 책은 부산광역시·부산문화재단의 2025 '부산문화예술지원사업'
  에 선정되어 발간되었습니다.
* 이 책은 저작권법에 의해 보호받으므로 무단 전재와 복제를 금합니다.